Marcados para el

Reino

Manual para hombres de 7 a 15

Dr. Natanael Valenzuela

ISBN:0692354433
ISBN-13: 9780692354438

Dedico este libro a Isaías Castillo.

Isaías es un niño de la Iglesia Casa del Padre en Massachusetts. El tiene 7 años de edad y siempre pasa tiempo en el altar en cada servicio de la congregación. Isaías dice que el adora a Dios porque Dios es bueno, que cuando el ora siente que esta cerca de Dios y que Dios esta con el. La recomendación de Isaías para todos los niños es que busquen de Dios para que puedan aprender de El.

Dios te bendiga!

INDICE

DR. NATANAEL VALENZUELA

INTRODUCCION

Hubo quienes llevaron a sus niños para que Jesús los tocara y los bendijera. Pero los discípulos las regañaron. 14 Al ver Jesús lo que estaban haciendo sus discípulos, se enojó con ellos y les dijo: «Dejen que los niños se acerquen a mí. No se lo impidan, porque el reino de Dios es de los que son como ellos. 15 Les aseguro que quien no confía en Dios como lo hace un niño, no puede ser parte del reino de Dios.» 16 Jesús tomó en sus brazos a los niños y, poniendo sus manos sobre ellos, los bendijo.

Marcos 10:13-16 TLA

Como padres y madres es muy importante que nosotros acerquemos nuestros hijos a Dios. Uno de los errores principales de los padres es el no comprometerse con ser el catalítico de una relación entre nuestros hijos y Dios. Los hijos deben

1

aprender a ser cristianos.

Al analizar las relaciones familiares, podemos ir a una relación bibliográfica en el libro de*Atkinson & Hilgard's introduction to psychology* donde podemos ver en la pagina 94 donde se cita a Bandura (1986) mucha información interesante sobre la conducta observacional, o mejor dicho cuando los hijos observan a los padres se presta a imitar.

En ese libro podemos ver fotos de niños tratando de afeitarse, niñas peinando sus muñecas porque el niño quiere ser como papi y la niña quiere ser como mamá. Los niños aprenden de lo que ven; es recomendable que un niño y una niña tengan padres modelos que los puedan ayudar a criarse como individuos responsables y consientes de su entorno y ambiente.

Ahora bien en el termino cristiano, es como Pablo dice: "Sed, pues, imitadores de mi como yo de Cristo" (1 Cor. 11:1). ¿Que van nuestros hijos a imitar de nosotros? Primero, en el tiempo que dedicamos a nuestros hijos debemos incluir un tiempo bíblico. Cuando estamos hablando con nuestros hijos en una concentración, en una reunión con ellos, tenemos que saber que no solamente el momento de la reunión sino todo el día, el niño va a estar tratando de imitarnos.

Cuando papi lee la Biblia es muy seguro que el niño va a querer leer la Biblia, cuando le regalamos una Biblia para niños, este aunque no sepa leer la va a abrir constantemente y eso se llama una teoría social de aprendizaje.

Con relación a la teoría conectiva o del desarrollo del conocimiento; un niño de dos años sabe ya lo que dice y según los que estudiaron esta situación los niños saben lo que son y ya conocen su sexo a los dos años; saben si son hembras, saben si son varones, pero **cuando sabe su hijo si es cristiano**?.

Así como nosotros les transferimos los genes y el sexo a nuestros hijos **¿Cuándo y cómo vamos a transferirles a Cristo a nuestros hijos? Esta su hijo dispuesto a decir yo soy varón, y a decir yo soy cristiano?**

A veces llegan los hijos a la adolescencia y no saben si son cristianos o no son cristianos, otras veces nosotros como padres viviendo la vida como cristianos secretos, también tendremos hijos que son espías del evangelio pero nunca cristianos en campo abierto.

Es importante que nosotros entendamos que nuestros hijos serán lo que nosotros trabajemos en ellos; cuando dice la Biblia en Josué capítulo 24:15 "escoged vosotros a quien servir......pero yo y mi casa serviremos a Jehová" significa que estamos hablando de un Dios a quien le vamos a servir desde la puerta de la casa, hasta que salgamos de la casa y volvamos a la casa y estemos en la casa y vamos a ser el mismo concepto, *yo y mi casa*. Me gusta la forma verbal que Josué utilizo, en español siempre se dice mi casa y yo. Como cantaba Estanislao Marino hace mucho tiempo "Mi casa y yo", pero hay un cantante que se llama José Ferrer que decía "yo y mi casa serviremos a Jehová" y usted ¿lo saben sus hijos? ¿Saben sus hijos el compromiso que hay?

En mis viajes por Israel recuerdo que tuve que preguntar ¿Qué significado tenían todas esas letras que ellos ponen en las paredes, puertas y linteles de las casas? Y me decía un señor, lo recuerdo como ahora, "son las escrituras, son los mandamientos de Dios". (Deuteronomio 6: 7-9) Que vergüenza sentí en ese momento y todavía aun porque he ido a casas cristianas en las que aparecerá quizás una sola Biblia para toda la familia y algunas no tienen ni una biblia para la familia. Los israelitas colocan estos mandamientos en las puertas y paredes de su casa dondequiera que vivan.

En ocasiones muchos de los miembros de la familia ni siquiera tienen una Biblia y es por descuido y no por razones económicas. Dice la palabra en Filipenses capítulo 4:8 "Por lo demás hermanos, todo lo que es verdadero, todo lo honesto, todo lo justo, todo lo puro, todo lo amable, todo lo que es de buen nombre, si hay virtud alguna, si algo digno de alabanza en esto pensad". De que estamos llenando la mente de nuestros hijos? Muchas veces la tenemos llena de televisión, de juegos de video, de shows, de American Idol, de novelas, de películas de guerras, de revistas, en esto pensad. ¿De qué está llena mi casa?

Antes de decir, yo y mi casa serviremos al Señor. Tenemos que conocer cuál es el reto de servirle al Señor, llenaré mi casa de las cosas que tienen un buen nombre. El cuadro que usted ve en este libro es para que usted pueda decir cuáles son las cosas que yo tengo que sacar de mi casa para que mi casa este llena de buen nombre.

Es responsabilidad de los padres dirigir la vida de sus hijos. Uno de los mayores problemas e inconvenientes de la familia moderna consiste en que no estamos marcando los hijos para nada en lo absoluto. Los hijos crecen sin propósito y sin ninguna idea de lo que espera la vida de ellos ni de lo que ellos deben darle a la vida.

Los niños están creciendo "independientes de todo". Muchos hasta llegan a creer que Dios no puede hacer nada por ellos. Confían en sus fuerzas o esperan que todo este resuelto cuando ellos aprieten un botón en la vida. La vida no es así y nunca a sido así. Muchos padres quieren hacerle creer a sus hijos que viajan la vida en primera clase y cuando les toca comprar el ticket los hijos se dan cuenta que no tienen siquiera pasaporte. Cuando se enfrentan con esta cruda realidad comienzan a culpar a Dios, al mundo, a los padres, al gobierno, al diablo, a la pareja, al sistema, a la escuela y a todo lo que se le ponga delante, pues ellos pensaban que todo era sencillo y que su sola presencia iba a abrir las puertas del mundo y de las comodidades.

Muchos hijos se frustran y se deprimen. Muchos se acomodan en las drogas, el pecado, la depresión, y aun mas; se pierden en todo tipo de vicios para tratar de llenar ese vacío que fue causado por sus padres que nunca aprendieron de la palabra como criar un hijo.

No prestamos atención a la biblia cuando nos traza pautas claras par marcar a nuestros hijos para Dios, para la sociedad, para una vida provechosa y para una pareja.

Este libro tiene la intención de mostrarnos un camino mejor. Lea con su hijo este libro y manténgalo cerca. Es un instrumento de conexión y de bendición

Dr. Natanael Valenzuela
MA, Dec, 2014

DECLARACIONES

Lea con sus hijos estas declaraciones y aunque tome toda una vida ayúdelos a reflexionar sobre cada una de ellas. Y su fuera necesario escriba usted o que ellos escriban en este libro o en un cuaderno aparte lo que significan esas declaraciones para su vida.

Los invito a descubrir una vida plena en Dios desde temprana edad.

1. Dios mío, tú fuiste quien me formó en el vientre de mi madre. Tú fuiste quien formó cada parte de mi cuerpo.
   Soy una creación maravillosa, y por eso te doy gracias.
   Todo lo que haces es maravilloso, ¡de eso estoy bien seguro!

   Salmo 139:13-14 TLA

2. "Tus manos me hicieron y me formaron." Salmo 119:73

3. "Porque tú formaste mis entrañas; tú me hiciste en el vientre de mi madre. Salmo 139:13

4. "El que en el vientre me hizo a mí, ¿no lo hizo a él? ¿Y no nos dispuso uno mismo en la matriz? Job 31:15

5. "¿No tenemos todos un mismo padre? ¿No nos ha creado un mismo Dios? Malaquías 2:10

6. "Acuérdate de tu Creador en los días de tu juventud. Eclesiastés 12:1

7. "Raeré de sobre la faz de la tierra a los hombres que he creado... pues me arrepiento de haberlos hecho." Génesis 6:7

8. Reconoced que Jehová es Dios; él nos hizo, y no nosotros a nosotros mismos. Salmo 100:3

9. Entonces dijo Dios: Hagamos al hombre a nuestra imagen, conforme a nuestra

semejanza... Y creó Dios al hombre a su imagen, a imagen de Dios lo creó; varón y hembra los creó." Génesis 1:26, 27

10. "Porque a imagen de Dios es hecho el hombre." Génesis 9:6

11. "El hombre es imagen y gloria de Dios." I Corintios 11:7

12. "Los hombres están hechos a la semejanza de Dios." Santiago 3:9

13. "Jehová forma el espíritu del hombre dentro de él." Zacarías 12:1

14. "El espíritu de Dios me hizo, y el soplo del Omnipotente me dio vida." Job 33:4

Analizando a Josías

2 Crónicas 34 [i]

Reinado de Josías

(2 R. 22.1-2)

34 De ocho años era Josías cuando comenzó a reinar, y treinta y un años reinó en Jerusalén.

[2] Este hizo lo recto ante los ojos de Jehová, y anduvo en los caminos de David su padre, sin apartarse a la derecha ni a la izquierda.

Reformas de Josías

(2 R. 23.4-20)

[3] A los ocho años de su reinado, siendo aún muchacho, comenzó a buscar al Dios de David su padre; y a los doce años comenzó a limpiar a Judá y a Jerusalén de

los lugares altos, imágenes de Asera, esculturas, e imágenes fundidas.

[4] Y derribaron delante de él los altares de los baales, e hizo pedazos las imágenes del sol, que estaban puestas encima; despedazó también las imágenes de Asera, las esculturas y estatuas fundidas, y las desmenuzó, y esparció el polvo sobre los sepulcros de los que les habían ofrecido sacrificios.

[5] Quemó además los huesos de los sacerdotes sobre sus altares, y limpió a Judá y a Jerusalén.

[6] Lo mismo hizo en las ciudades de Manasés, Efraín, Simeón y hasta Neftalí, y en los lugares asolados alrededor.

[7] Y cuando hubo derribado los altares y las imágenes de Asera, y quebrado y desmenuzado las esculturas, y destruido todos los ídolos por toda la tierra de Israel, volvió a Jerusalén.

Hallazgo del libro de la ley

(2 R. 22.3--23.3)

[8] A los dieciocho años de su reinado, después de haber limpiado la tierra y la casa, envió a Safán hijo de Azalía, a Masías gobernador de la ciudad, y a Joa hijo de Joacaz, canciller, para que reparasen la casa de Jehová su Dios.

[30] Y subió el rey a la casa de Jehová, y con él todos los varones de Judá, y los moradores de Jerusalén, los sacerdotes, los levitas y todo el pueblo, desde el mayor hasta el más pequeño; y leyó a oídos de ellos todas las palabras del libro del pacto que había sido hallado en la casa de Jehová.

[31] Y estando el rey en pie en su sitio, hizo delante de Jehová pacto de caminar en pos de Jehová y de guardar sus mandamientos, sus testimonios y sus estatutos, con todo su corazón y con toda su alma, poniendo por obra las palabras del pacto que estaban escritas en aquel libro.

[32] E hizo que se obligaran a ello todos los que estaban en Jerusalén y en Benjamín; y los moradores de Jerusalén hicieron conforme al pacto de Dios, del Dios de sus padres.

^{33} Y quitó Josías todas las abominaciones de toda la tierra de los hijos de Israel, e hizo que todos los que se hallaban en Israel sirviesen a Jehová su Dios. No se apartaron de en pos de Jehová el Dios de sus padres, todo el tiempo que él vivió.

I. JOSÍAS BUSCA A DIOS (2 Crónicas 34:3a)

¿Qué comenzó a hacer Josías a los 8 años de su reinado (16 años de edad)?

1. Su primer distintivo como rey, a pesar de contar con 16 años de edad, fue que comenzó a buscar a Dios, ¿pero qué es en realidad buscar a Dios?

2. El principal distintivo de un cristiano es que sea conocido por hacer lo recto ante Dios. No practicar el pecado es buscar a Dios. El cristiano debe buscar e imitar la buena herencia de sus antepasados e imitar sus conductas en cuanto a caminar con Dios. Hay que estar de acuerdo con Dios y no buscar primeramente la aprobación de los hombres.

3. No por ser joven es impedimento para buscar a Dios

de todo corazón como hizo Josías a los 16 años.

4. La vida del cristiano debe reflejar sus convicciones, creencia y principios en su forma de pensar, hablar y actuar.

II. JOSÍAS LIMPIA LA NACION

¿Cómo demostró Josías que solamente quería buscar y adorar a Jehová?

1. Josías demostró que de veras buscaba a Dios limpiando y eliminando los lugares altos de adoración a otros dioses, imágenes, esculturas, etc. No sólo lo hizo en sus dominios, sino que su celo por Dios lo llevó a limpiar más allá de lo que comprendía su reino (v.6). Fue personalmente a hacerlo.

2. El creyente debe concentrarse en su búsqueda y adoración a Dios y quitar de su vida, comunidad y entorno todo lo que implica adoración a otros dioses. La idolatría, además de imágenes, puede ser el trabajo, la institución, tradiciones, posición, economía,

popularidad, etc.

3. Somos responsables por limpiar nuestras vidas, comunidad y entorno. ¿Cómo lo hacemos? Viviendo una vida santa, gozosa y en plena dependencia de la voluntad de Dios que motive a los no creyentes a ser diferentes a lo que son, siendo consecuente entre lo que creemos y lo que vivimos.

III. JOSÍAS ESCUCHA LA PALABRA DE DIOS Y SE CONMUEVE (2 Crónicas 34:14-33)

¿Qué encontraron los siervos del rey en la casa de Jehová? (14)

¿Qué hizo el rey cuando terminó de escuchar lo que decía el libro? (19, 21)

¿Aprobó Dios la actitud del rey? (26-28)

¿Qué te llama la atención de lo que hizo el rey? (30, 31)

Josías estaba enfrascado en una tarea muy grande junto con sus siervos: reparar la casa de Jehová. Aun así hizo un alto para escuchar la palabra de Dios.

No importa cuan ocupados estemos, hay que escuchar cada día lo que Dios tiene que decirnos.

El cristiano, al igual que Josías, debe ser sensible a la palabra de Dios y dejarse confrontar por ella. Hay que reconocer los errores y pecados, y arrepentirse delante de Dios y de la comunidad.

Josías obedeciendo a las estructuras de la época mandó a consultar a Dios por lo que había escuchado de su palabra. Pero hoy el cristiano puede acercarse a Dios y buscar su dirección, aprobación y bendición para su vida, familia y ministerio.

El rey Josías cunado congregó a los líderes y a todo el pueblo les compartió la palabra de Dios y no su experiencia con Dios. Este es el reto para hoy: enfocarnos en la palabra de Dios que es universal para todos y no en experiencias particulares que pueden variar de una persona a otra.

Josías nos desafía con su pacto de caminar con Dios y guardar su palabra, ¿estás dispuesto a seguirle.

2. El rey Josías, no sólo buscó a Dios y fue sensible al

escuchar la palabra de Dios, sino que obedeció lo que ella decía. Las emociones deben estar controladas por la palabra de Dios. No es malo expresar los sentimientos, pero hay que sobrepasar eso y obedecer lo que Dios dice.

El cristiano, al igual que Josías debe ser resuelto y demostrar en la práctica que está obedeciendo lo que Dios dice. Hacerlo con pasión y fidelidad y en forma adecuada a la palabra de Dios.

4. La principal obediencia del cristiano debe ser en su propia vida: su integridad se debe conocer en la comunidad.

Dios nos llama hoy a retomar esta historia y aplicarla a nuestras vidas. En todos los tiempos es necesario buscar a Dios de todo el corazón, con toda el alma y con todas las fuerzas[ii].

Quien Soy

En esta parte del libro queremos que el niño o adolescente tome tiempo junto a su mentor para escribir cada uno de estos versículos mientras tomamos tiempo para analizar cada uno de los temas que representan.

Por favor explíquele al joven hasta que comprenda cada uno de estos conceptos.

1. Un bien, **Proverbios** 10:1; 15:20; 17:6; 23:24; 27:11; 29:3.

_____

_____

_____

_____

_____

_____

_____

_____

_____

_____

2. Un don de Dios, **Génesis** 30:17; 33:5; **Salmo** 127:3.

_____

_____

_____

_____

_____

_____

_____

_____

_____

_____

3. **Pedidos a Dios,** Génesis 25:21; 28:1, 3; 1 Samuel 1:9.

_____

_____

_____

_____

_____

_____

_____

_____

_____

4. Prometidos, Génesis 17:19; 18:10; 2 Reyes 4:16; Lucas 1:13.

_____

_____

_____

_____

_____

_____

_____

_____

_____

5. Favorecidos de Dios, Génesis 21:17; Salmo 147:13.

_____

_____

_____

_____

_____

_____

_____

_____

_____

Niños y jóvenes en la Biblia

José

En los días de José, todo el mundo tenía una túnica. La utilizaban para resguardarse del frío, para envolver sus pertenencias cuando viajaban, para envolver a los bebés, para sentarse sobre ella o para servir de garantía de un préstamo. La mayoría de las túnicas eran sencillas, llegaban hasta la rodilla y tenían mangas cortas. La de José era probablemente del tipo que usaban los nobles: de manga larga, llegaba hasta el tobillo y tenía muchos colores. El que le regalara una así a su hijo fue demostración de favoritismo de Jacob hacia José, y esto agravó las relaciones ya tirantes que había entre José y sus hermanos. El favoritismo en la familia puede ser inevitable, pero deben de ser minimizados sus efectos ya que crean desacuerdos. Quizá los padres no puedan cambiar sus sentimientos hacia un hijo predilecto, pero pueden cambiar la forma en que tratan a los demás,

Los hermanos de José ya estaban enojados porque existía la posibilidad de que su hermano menor quedara de jefe de ellos. Luego José encendió el fuego con su actitud inmadura y sus alardes. Nadie aguanta a un fanfarrón. El joven aprendió esta lección por el método más difícil: sus molestos hermanos lo vendieron como esclavo para deshacerse de él. Después de varios años de dificultades, José aprendió otra importante lección: nuestros talentos y conocimientos vienen de Dios, y es más correcto agradecérselos a Dios que alardear de ellos. Más tarde sí confesó que sus triunfos se los debía a Dios (41.16).

¿Le ha hecho sentir la envidia deseos de matar a alguien? Antes de que usted diga, «Claro que no», observe lo que sucedió en esta historia. Diez hombres estuvieron dispuestos a matar a su hermano por causa de una túnica de colores y algunos sueños. Su envidia se convirtió en una ira terrible, cegándolos totalmente.

La envidia puede ser difícil de reconocer porque podemos buscarle justificación. La envidia, fuera de control, puede crecer rápidamente y llevarnos a pecados más serios. Mientras más tiempo cultive su envidia, más difícil le será desarraigarla. El momento de tratar con la envidia es cuando uno nota que está llevando un registro de lo que poseen los demás.

A los hermanos les preocupaba la culpabilidad por la muerte de su hermano. Judá sugirió una alternativa que no era correcta, pero que los libraría en caso de que los acusaran. Algunas veces optamos por una solución que es «menos mala» pero de todos modos incorrecta. Cuando la gente propone una solución aparentemente viable, primero pregúntese: «¿Es lo correcto?».

Como adolescente, José era demasiado confiado. Su confianza propia, incrementada por ser el hijo favorito de Jacob y por conocer los designios de Dios para su vida, resultaba insoportable para sus hermanos mayores, los que a la larga conspiraron contra él. Pero esa seguridad, moldeada por el sufrimiento y combinada con un conocimiento personal de Dios, permitió que sobreviviera y prosperara donde muchos hubieran fracasado. Cuando añadió sabiduría a su confianza, se fue ganando el corazón de todo aquel que conocía: Potifar, el carcelero, otros prisioneros, el rey y, después de muchos años, hasta aquellos diez hermanos.

Quizá usted se pueda identificar con una o más de estas penurias por las que pasó José: lo traicionaron y expulsaron de su familia, se vio en una tentación sexual, lo castigaron por hacer lo correcto, sobrellevó un largo encarcelamiento, se olvidaron de él las personas que ayudó. Cuando usted lea la historia, observe lo que José hizo en cada caso. Su respuesta positiva transformó cada caída en un paso hacia adelante. Nunca pasó mucho tiempo preguntándose ¿por qué? Siempre se decía: «¿Qué debo hacer ahora?» Los que lo conocieron vieron que en todas las cosa que José hacía y en todos los lugares donde iba,

Dios estaba con él. Cuando usted esté enfrentado un revés, adopte una actitud como la de José, y esté consciente de que Dios está con usted. No hay nada como la realidad de la presencia de Dios para dar una nueva luz a una situación oscura.

- De esclavo se levantó hasta ser gobernador de Egipto

- Se le conocía por su integridad

- Era un hombre con sensibilidad espiritual

- Preparó a una nación para sobreponerse a una hambruna

- Su orgullo juvenil le causó fricción con sus hermanos

"Lo que importa no son los sucesos ni las circunstancias de la vida, sino nuestra manera de actuar ante ellos"

Con la ayuda de Dios, cada situación puede ser usada

para bien, aun cuando otros pretendan causarnos daño.

Aun cuando los hermanos de José no lo mataron, pensaban que no sobreviviría mucho tiempo como esclavo. Estaban muy dispuestos a que aquellos crueles traficantes de esclavos hicieran la maldad que ellos mismos no se atrevían a cometer. José tendría que enfrentarse a un viaje de treinta días a través del desierto, probablemente encadenado y a pie. Lo tratarían como equipaje y, una vez en Egipto, lo venderían como una mercancía. Sus hermanos pensaron que nunca lo volverían a ver. Pero Dios estaba en el timón de la vida de José[1].

---

[1] Adaptado de Biblia del Diario Vivir. @Editorial Caribe 1997

Moisés

El rey de Egipto mandó matar a los bebés de Israel. La madre de Moisés, para salvarlo, lo puso en una cestita de juncos y la cubrió de brea, una especie de alquitrán, para que el agua no entrara en la cesta. Jocabed llevó al niño al río Nilo. ¿Qué será de mi pequeñín? se preguntaba y le pidió a Dios que lo cuidara. Alguien más estaba cuidando del bebé. Su hermana María iba acompañándola por la orilla del río para protegerlo.

La hija del faraón que había ido a bañarse al río descubrió al niño y lo cuidó. Le llamó Moisés que significa "Salvado de las aguas".

Moisés creció en el palacio del faraón como un egipcio. Su madre, Jocabed, era una sirvienta de palacio encargada de criar a Moisés, por ella, Moisés descubrió que era israelita y que su pueblo era muy infeliz porque eran esclavos.

Cuando Moisés creció y se convirtió en un joven fuerte, intentó que los egipcios dejaran de maltratar a su pueblo. Moisés tuvo que marcharse de Egipto por proteger a los israelitas. Se fue a otras tierras y se convirtió en pastor. En Madián, Moisés se caso y formó una familia.

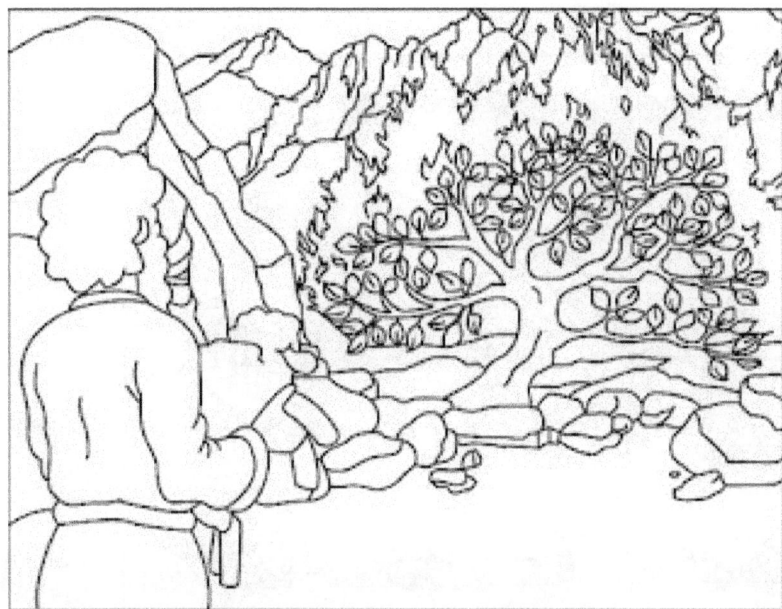

Un día, mientras cuidaba de sus ovejas, vio que se
quemaba una zarza. Dios se dirigió a Moisés a través
de la zarza en llamas y le dijo que volviera a Egipto a
liberar a su pueblo. Dios le dijo a Moisés que fuera a
hablar con el faraón y que le pidiera que dejara
marchar a los israelitas. Moisés estaba muy asustado
pero Dios le prometió que le ayudaría a sacar de Egipto
a los israelitas.

Moisés le dijo al faraón que dejara marchar a los
israelitas y que si no lo hacía, Dios arrojaría muchas
plagas sobre Egipto. El faraón no le creyó, se rió de
Moisés y le dijo que se marchara. Dios le mostró su
poder al faraón enviando a Egipto montones y
montones de ranas. Moisés volvió al palacio del faraón
a pedirle que dejara marchar a su pueblo. El faraón
accedió con la condición de que alejara a las ranas.
Pero el faraón no cumplió su promesa, entonces Dios
mandó muchas más plagas, mosquitos, moscas,
animales enfermos, pústulas, granizo, langostas,
tinieblas y la muerte del primogénito de cada familia.

El faraón pidió a Moisés que reuniera a los israelitas y que se marcharan de Egipto. Y así lo hicieron.

Dios guió a los israelitas lejos de Egipto, mientras tanto, el faraón decidió que no quería que los israelitas se marcharan libremente y envió a su ejército para que les siguiera. Dios les guió con una columna de humo durante el día y una columna de fuego durante la noche. Dios les guió hasta las orillas del Mar Rojo y después ya no pudieron avanzar más.

Dios le dijo a Moisés: "Alza tu bastón y ondéalo sobre
el mar, yo apartaré las aguas y os dejaré a ti y a los
israelitas cruzar al otro lado sobre tierra seca. Los
israelitas cruzaron el mar completamente seguros.
Cuando el ejército de Egipto comenzó a seguirles, las
aguas volvieron a su sitio y les cubrieron por completo.
Dios cuidó a su pueblo, la gente estaba tan feliz que
cantó alabanzas a Dios.

Los israelitas atravesaron el desierto de Sinaí de camino hacia la tierra de Israel. La gente se quejaba a Moisés, le decían que tenían hambre y que no había suficiente comida. Moisés le rogó a Dios que le enviara una respuesta. Esa noche, Dios envió codornices para comer. A la mañana siguiente Dios mandó pan dulce desde el cielo y lo dejó sobre el suelo, el pan sabía a barquillos de miel; a ese pan lo llamaron maná.

Los israelitas siguieron viajando, pero se quejaban de que no tenían suficiente agua. Dios le dijo a Moisés que golpeara una roca con su bastón. Cuando Moisés golpeó la roca, empezó a salir agua de ella. Había suficiente agua para todos. Los israelitas llegaron al monte Sinaí y asentaron un campamento al pie de la montaña. Dios llamó a Moisés y le dijo que subiera a la montaña. Había muchos rayos y truenos, la montaña temblaba y una espesa nube la cubrió.

Dios habló a Moisés: Estas son las 10 reglas que Dios le entregó a Moisés cuando estaba en la montaña:

1. Amad a Dios sobre todas las cosas.

2. Recordad que soy vuestro Dios y no confiéis en ídolos.

3. Decid sólo cosas buenas sobre Dios.

4. Dedicad un día a la semana para descansar y alabar a Dios.

5. Honrad y obedeced a vuestros padres.

6. No matéis a otras personas.

7. Recordad que el matrimonio es un pacto que no se debe romper.

8. No cojáis lo que no sea vuestro.

9. Decid siempre la verdad.

10. Alegraos por los demás aún cuando tengan cosas que vosotros queréis.

Dios le dijo a Moisés que buscara unas tablas para grabar en ellas estas 10 importantes reglas.

Moisés se llevó las tablas y compartió las reglas con
todos los demás. Dios también le dijo a Moisés que
construyera un santuario. Lo llamaron tabernáculo.
Moisés le dio gracias a Dios y después guió a su
pueblo para salir del desierto dirigiéndose hacia su
nueva patria

Samuel

I.- Su madre era piadosa.

1.- Nació en respuesta a sus oraciones **Samuel 1: 9-11**
2.- Ella lo dedico al Señor antes de su nacimiento
Samuel 1:11
3.- lo llevo a Silo cuando era muy joven, para ser educado por
El sacerdote **1 Samuel 1: 24-28**
4.- Ella, con mucho amor, le hacia una túnica cada año
1 Samuel 2:19

II.- S u niñez extraordinaria.

1.- Ministraba ante el Señor mientras era todavía niño **1 Samuel 2:18**
2.- Tuvo uno de los llamados más maravillosos al servicio de Dios
Cualquier otra persona de la biblia **1 Samuel 3: 1-18**[iv]

VI.- Características de Samuel.

1.- El Juez recto (**1 Samuel 12: 3-4**)

2.- Consagrado a Dios por sus padres (**1 Samuel 1: 24-28**)

3.- Una niñez maravillosa (**1 Samuel 2:18-21**)

4.- Parecida a la de Cristo (**1 Samuel 2:26**)

5.- Oyó la voz de Dios en su niñez (**1 Samuel 3: 1-18**)

6.- Valeroso (**1 Samuel 13:13**) y (**1 Samuel 15: 16-29**)

7.- Un hombre de oración (**1 Samuel 7: 5-8**) y (**8:6, 12:7, 15:11**)

8.- Un profeta inspirado (**1 Samuel 3: 19-21 y 8: 22**)

9.- Un juez de circuito (**1 Samuel 7:16**)

David[v]

1.   ¿Por qué ahora el Pueblo de Israel tiene un Rey?

Mucho después de entrar a la Tierra Prometida, los israelitas quisieron que los gobernara un rey.

Entonces Dios escogió el primer Rey, que fue el Rey Saúl.

2.   ¿Qué pasó con el Rey Saúl?

Saúl fue un rey desobediente a Dios. Y por eso Dios tuvo que escoger otro Rey. Ese Rey fue David.

3.   ¿Y cuándo escogió Dios a David como rey?

Lo escogió desde que David era niño. Dios envió al Profeta Samuel para que escogiera a David como rey.

David era pastor de ovejas. Cuando llegó Samuel a la casa de la familia de David, David no estaba, porque estaba en el campo con las ovejas.

Y Samuel fue viendo uno a uno a los hermanos de David y ninguno era el escogido por Dios para ser Rey.

En eso llegó David de su trabajo en el campo y Dios le dijo a Samuel: *ése es mi escogido*. Y Samuel hizo lo que se hacía con los Reyes: ungirlo con un aceite especial en la cabeza.

4.   ¿Y qué pasó con el Rey Saúl?

El seguía siendo Rey, pero Dios iba preparando a David para cuando tuviera que ser Rey.

5.   ¿Ustedes han oído hablar de la historia de David y el gigante Goliat?

...

Es una historia muy impresionante.

Los israelitas estaban en guerra con unos ejércitos enemigos. Y, estando enfrentados los israelitas con el ejército enemigo, David llegó a llevarle comida a sus hermanos mayores que eran soldados del ejército de Israel.

6.   ¿Y con qué se encuentra David?

Se encuentra con que del ejército de los malos salió una voz furiosa y muy fuerte que amenazaba a los israelitas.

Ese era Goliat, un gigante de verdad, que medía 3 metros, ¡más alto que este techo!

Goliat amenazaba diciendo: -escojan el hombre más grande y más fuete que tengan a ver si puede ganarme. Si él gana, nosotros seremos esclavos de ustedes. Y con voz amenazante y fea decía: -Pero si yo gano, ustedes serán nuestros esclavos.

7.   ¿Y qué hacían los israelitas?

Estaban todos aterrados, porque no había nadie tan grande ni tan fuerte como el gigante Goliat.

El más alto de todos era el Rey Saúl, pero era pequeño al lado de Goliat.

8.   ¿Qué hizo el joven David?

David le propuso al Rey Saúl que él enfrentaría al gigante Goliat.

9.   ¿Qué dice Saúl?

¿Tú? ¿Tan pequeño y tan joven? ¿Cómo te vas a enfrentar a ese asesino?

10.   ¿Qué le contesta David?

Dios está de nuestro lado, Rey Saúl. Mire yo soy pastor de ovejas. Y con la ayuda de Dios yo he matado leones y osos con mis propias manos cuando me han atacado el rebaño. Dios me va a ayudar ahora también. No se preocupe.

11. ¿Y el Rey le da permiso a David para enfrentarse a Goliat?

Sí. El Rey Saúl acepta y le dice: –Que Dios esté contigo, David, para enfrentar a Goliat.

12. ¿Cómo va a hacer David para enfrentar a ese terrible gigante?

David se fue corriendo a un pequeño río que había por ahí cerca y sacó cinco piedras del fondo del riachuelo. Las puso en su mochila y tomó su honda (su lanza piedras).

Y así se fue hacia donde estaba el tremendo Goliat.

13. ¿Qué hizo Goliat?

Goliat venía todo cubierto de una armadura de metal para protegerse contra cualquier arma. Estaba tapado de la cabeza a los pies y traía una lanza muy grande y un escudo para protegerse.

Cuando ve a David que viene sin ninguna protección y sin un arma, comienza a insultarlo y a amenazarlo: -cómo es que te atreves a enfrentarme. Con qué me vas a atacar. Te voy a matar y voy a poner tu cuerpo a podrirse y a que se lo coman la aves rapaces.

14.   ¿Y David qué hacía?

David le respondía:

-Tú vienes a luchar contra mí con una gran espada, una lanza y con tu gran fuerza. Pero yo vengo a luchar en el nombre de Dios. El es más poderoso que cualquier campeón. El me dará la victoria para que sepan todos que El es Dios, y que es más fuerte que todos.

Y entonces David comenzó a correr hacia Goliat y tomó una de las piedras de la mochila y la puso en su lanza piedras. Con gran puntería la lanzó con fuerzas hacia Goliat.

La piedra salió volando y le dio justo en el centro de la frente a Goliat. El golpe tan preciso tumbó a Goliat al suelo. ¿Se imaginan la sorpresa cuando todos ven el cuerpo inmenso del gigante tirado en el suelo?

Pero David no se quedó quieto, sino que fue directo a rematar a Goliat.   Se acercó rápidamente, tomó la espada de Goliat y lo mató.

El campeón de los enemigos estaba muerto. Y el ejército enemigo se escapó.

15.   ¿Y qué creen ustedes que hizo el Rey Saúl?

En vez de sentirse contento con el triunfo de David, se puso envidioso de David.

La envida lo llevó a tratar de matar a David, pero David siempre se le escapaba. David no le tenía miedo a Saúl, más bien le tenía mucho respeto, porque todavía era el Rey escogido por Dios.

Un día que Saúl buscaba a David y éste se le escondía. David llegó a estar al lado de Saúl dormido, pero no lo mató, sino que le cortó un trocito de su manto. Después le enseñó de lejos el trocito de tela del manto para que supiera que hubiera podido matarlo y no lo mató.

Pero Saúl no cambiaba. Otro día David le robó la lanza a Saúl y se la enseñó de lejos. -Eje, eje: aquí tengo tu lanza. Te la quité cuando estabas dentro de la cueva, pero no te maté.

16.   ¿Cuándo es que David comienza a ser Rey?

Saúl seguía envidiando a David. Y Dios ya no quiso que Saúl siguiera siendo Rey. Saúl murió en una batalla contra un ejército enemigo.

Entonces, Dios hizo que David fuera consagrado Rey de Israel.

Y David reinó por muchos años. David fue un gran Rey. Cometió algunos pecados, pero se arrepintió. Y Dios estaba con él. Y el pueblo de Israel estaba muy contento con el Rey David.

Jesús

"40 Y el niño crecía y se fortalecía, y se llenaba de sabiduría; y la gracia de Dios era sobre él. / 41 Iban sus padres todos los años a Jerusalén en la fiesta de la pascua; / 42 y cuando tuvo doce años, subieron a Jerusalén conforme a la costumbre de la fiesta. / 43 Al regresar ellos, acabada la fiesta, se quedó el niño Jesús en Jerusalén, sin que lo supiesen José y su madre. / 44 Y pensando que estaba entre la compañía, anduvieron camino de un día; y le buscaban entre los parientes y los conocidos; / 45 pero como no le hallaron, volvieron a Jerusalén buscándole. / 46 Y aconteció que tres días después le hallaron en el templo, sentado en medio de los doctores de la ley, oyéndoles y preguntándoles. / 47 Y todos los que le oían, se maravillaban de su inteligencia y de sus respuestas. / 48 Cuando le vieron, se sorprendieron; y le dijo su madre: Hijo, ¿por qué nos has hecho así? He aquí, tu padre y yo te hemos buscado con angustia. / 49 Entonces él les dijo: ¿Por qué me buscabais? ¿No sabíais que en los negocios de mi Padre me es

necesario estar? / 50 Mas ellos no entendieron las palabras que les habló. / 51 Y descendió con ellos, y volvió a Nazaret, y estaba sujeto a ellos. Y su madre guardaba todas estas cosas en su corazón. / 52 Y Jesús crecía en sabiduría y en estatura, y en gracia para con Dios y los hombres." (San Lucas 2:40-52)

Mi compromiso con Dios

Dios mío, tú fuiste quien me formó en el vientre de mi madre. Tú fuiste quien formó cada parte de mi cuerpo. Soy una creación maravillosa, y por eso te doy gracias. Todo lo que haces es maravilloso, ¡de eso estoy bien seguro!

Salmo 139:13-14 TLA

Como cristiano tengo un compromiso con Dios. Dios me ama y ha hecho todo por mi.

Como hombre de Dios debo tomar algunas decisiones con relación a mi Dios.

En esta parte del libro escribiré ahora como me comprometo yo a;

Amarle:

Bendecirle

Corresponderle

Dedicar tiempo a Dios

Estudiar su palabra

Guardar sus Mandamientos

Honrarle

Leer libros saludables para mi vida

Manejarme como un Hijo de Dios

Negarme al pecado

Orar todos los días

Predicar su venida

Repetar su casa

Vivir para Dios

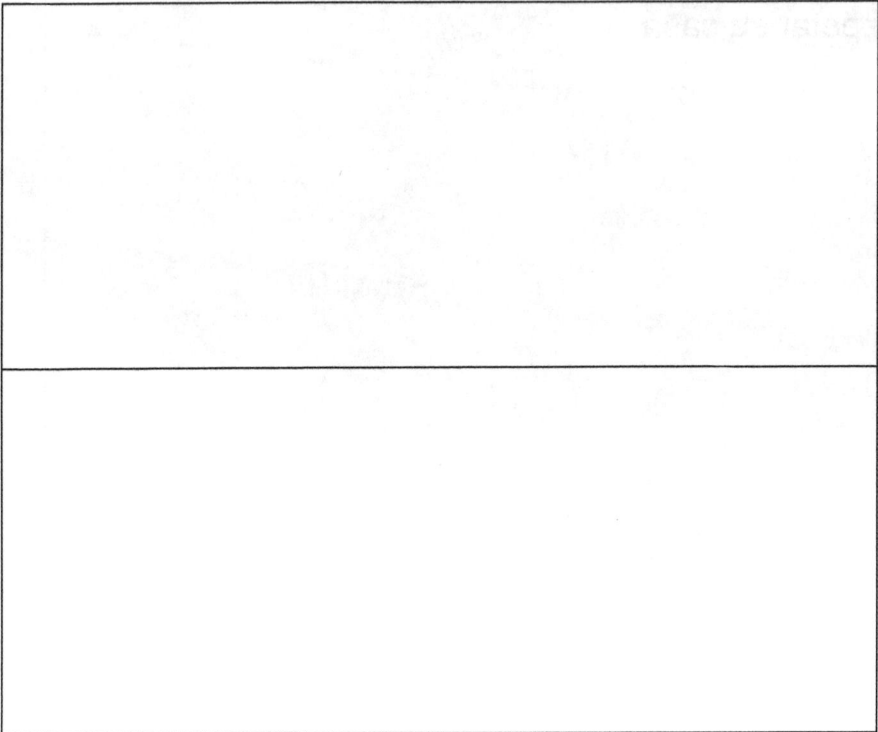

Mi actitud con mis familiares

Hijos, obedezcan a sus padres en el nombre del Señor, porque esto es justo. 2 Honra a tu padre y a tu madre, que es el primer mandamiento con promesa; 3 para que te vaya bien, y tengas una larga vida sobre la tierra. 4 Ustedes, los padres, no exasperen a sus hijos, sino edúquenlos en la disciplina y la instrucción del Señor.

Atiende, hijo mío, las correcciones de tu padre, y no menosprecies las enseñanzas de tu madre;

Proverbios 1:8 RVC

Efesios 6:1-4 RVC

RESPONSABILIDAD DE LOS HIJOS HACIA LOS PADRES.

Veamos cual es la responsabilidad de los hijos hacia los padres, según lo que Dios nos enseña en la Biblia.

a) Honra a tus padres.

"Honra a tu padre y a tu madre, para que tus días se alarguen en la tierra que Jehová tu Dios te da." (Éxodo 20:12)

La Biblia enseña a los hijos a honrar a sus padres. Honrar es respetar, acatar a una persona, enaltecer o premiar un mérito, es dar honor a quienes nos trajeron a la vida. Gracias a nuestros padres hemos podido acceder a esta existencia y fuimos alimentados, formados y educados para la vida. Ellos merecen toda nuestra honra pues nos dieron lo más valioso en este mundo: la vida. Sea cual sea su comportamiento debemos respetarlos durante toda la vida. El niño debe respetarlos y acatar sus órdenes, salvo en casos extremos, cuando un padre solicita algo inaceptable. Todo hijo debe enaltecer y premiar a sus padres, especialmente cuando es adulto; cuando niño es una obligación, cuando grande un deber moral. Demos honor a quienes nos trajeron a la vida.

"Honra a tu padre y a tu madre, que es el primer mandamiento con promesa; / para que te vaya bien, y seas de larga vida sobre la tierra." (Efesios 6:2,3) El apóstol Pablo se refiere a este mandamiento y señala "que es el primer mandamiento con promesa" Dios promete a quienes honran a sus padres: éxito en la vida y largura de días. Honrar a los padres es saludable para el alma porque: 1) La persona no se siente culpable de maltrato a quienes le dieron el ser sino que contenta consigo misma; 2) Los padres se sentirán amados y reconocidos, y darán más cariño a su hijo/a; 3) Estarán sembrando para su propio futuro como padres, de acuerdo al texto que dice "Pero esto digo: El que siembra escasamente, también segará escasamente; y el que siembra generosamente, generosamente también segará." (2 Corintios 9:6)

"Se levantan sus hijos y la llaman bienaventurada; Y su marido también la alaba" (Proverbios 31:28) Como una reacción natural hacia el amor y dedicación de los padres, los hijos los reconocen y honran. En el capítulo anterior vimos que la madre virtuosa es querida por su familia, es una gran bendición y sus hijos la admiran, por algo muy concreto: al levantarse cada mañana encuentran todo muy bien preparado. ¿Por qué la llaman bienaventurada? Porque ella es buena en grado superlativo. La mayor honra que los seres humanos podemos recibir es disfrutar de las bienaventuranzas. Nombrar a alguien como "bienaventurada" es dar gran honor. Es el caso de María, como lo registra San Lucas: "46 Entonces María dijo: Engrandece mi alma al Señor; / 47 Y mi espíritu se regocija en Dios mi Salvador. / 48 Porque ha mirado la bajeza de su sierva; Pues he aquí, desde ahora me dirán bienaventurada todas las generaciones. / 49 Porque me ha hecho grandes cosas el Poderoso; Santo es su nombre" (San Lucas 46-49)

b) Obedece las instrucciones de tus padres. "El día que estuviste delante de Jehová tu Dios en Horeb, cuando Jehová me dijo: Reúneme el pueblo, para que yo les haga oír mis palabras, las cuales aprenderán, para temerme todos los días que vivieren sobre la tierra, y las enseñarán a sus hijos" (Deuteronomio 4:10) Es deber de todo padre entregar las enseñanzas de Dios a sus hijos y es deber de los hijos escucharlas y obedecerlas. Es Dios mismo quien indica esto. Los pastores reúnen al pueblo de Dios y le hacen oír Sus enseñanzas, para que las comprendan, memoricen, apliquen y además las enseñen a sus hijos. Lo que el Señor desea es que todos aprendan el temor de Jehová, que le respeten y vivan acorde con Sus valores, principios, mandamientos. Tanto los padres como los hijos deben obedecer las instrucciones de Dios.

"Oye, hijo mío, la instrucción de tu padre, Y no desprecies la dirección de tu madre; / Porque adorno de gracia serán a tu cabeza" (Proverbios 1:8,9) El padre instruye, es decir entrega enseñanza acerca de Dios, la Biblia y la vida. La madre da dirección a esa enseñanza, instala valores y aprendizajes, hace práctica la lección del papá. El hijo debe oír al padre y considerar respetuosamente lo que su madre le recalca y enseña. El resultado de ello será como tener un hermoso sombrero, algo que todo el mundo apreciará como gracioso y bello en nosotros, algo admirable. Internamente, dentro de mi cabeza, en mi mente, será andar conforme al pensamiento de Dios. Por lo tanto será muy beneficioso para la vida del hijo escuchar y apreciar la instrucción y dirección de sus padres.

"Hijo mío, no te olvides de mi ley, Y tu corazón guarde mis mandamientos; / Porque largura de días y años de vida Y paz te aumentarán." (Proverbios 3:1,2) Es muy bueno conocer los mandamientos del Señor, saber qué es lo que quiere Él para el ser humano, cuál es Su voluntad con nosotros. Un hijo jamás debe olvidar la enseñanza de sus padres, como el hijo de Dios no debe menospreciar ni olvidar la ley de Dios. Los mandamientos son guardados en el corazón. El resultado de ello es: 1) larga vida, buena salud; y 2) paz. Indudablemente que la persona que sigue los buenos consejos y los mandamientos del Señor, tendrá paz en su alma y ello le ayudará en mantener una buena salud espiritual y física, lo que le traerá largura de días.

"Venid, hijos, oídme; El temor de Jehová os enseñaré." (Salmos 34:11)

El padre llama al hijo y le dice "escúchame, te enseñaré el temor de Dios" No hay cosa más bella en la tarea de un padre y una madre, que enseñar a sus hijos el reverente temor al Señor. Por su parte, los hijos apreciarán tal entrega de sus padres. Lo mejor que un hijo puede heredar de sus padres es la fe en Jesucristo.

c) Obedece a tus padres.

"Guarda, hijo mío, el mandamiento de tu padre, Y no dejes la enseñanza de tu madre" (Proverbios 6:20) El hijo debe guardar en su mente y en su corazón el mandamiento y la enseñanza de sus padres; no descartar aquellos principios que ellos con amor sembraron en su vida. Los padres siempre anhelan lo mejor para sus hijos y éstos, aconseja la Palabra de Dios, deben atesorar y no abandonar esos consejos, porque vienen como de Dios.

"Hijos, obedeced en el Señor a vuestros padres, porque esto es justo." (Efesios 6:1) Lo justo delante de Dios es que los hijos obedezcan a sus padres.

"Hijos, obedeced a vuestros padres en todo, porque esto agrada al Señor." (Colosenses 3:20) A Dios le agrada que los hijos obedezcan a sus papás.

Así como Él se agrada de la fe de Sus hijos, también se agrada de los hijos que son obedientes a los padres. Hay una línea muy delgada entre fe y obediencia. Fe en Dios implica obediencia a las autoridades. En el caso de la familia, los padres son una autoridad.

d) Respeta a tus padres.

"Oye a tu padre, a aquel que te engendró; Y cuando tu madre envejeciere, no la menosprecies." (Proverbios 23:22)

En la primera cláusula de este versículo se mira hacia el pasado, "aquel que te engendró" en cambio la segunda cláusula nos orienta al futuro "cuando tu madre envejeciere" Escuchar al padre que lo engendró, el que representa mi raíz, procedencia, genealogía, es una orden del Señor. Respetar y no menospreciar a la que envejecerá, se enfermará, estará más débil, quizás pierda sus facultades, pero es la que toda su vida de madre dedicó su amor al hijo, es un santo llamado del

Señor. Tanto al padre como a la madre, tanto al representante de la ascendencia familiar como a la que nos alimentó, formó y amó con maternal cuidado, debemos el mayor respeto.

e) Cuida a tus padres.

"Pero si alguna viuda tiene hijos, o nietos, aprendan éstos primero a ser piadosos para con su propia familia, y a recompensar a sus padres; porque esto es lo bueno y agradable delante de Dios." (1 Timoteo 5:4) Hay un deber de gratitud de los hijos hacia los padres. La Biblia enseña que hijos y nietos deben aprender a demostrar su piedad, primero con la familia, devolviendo a los padres el amor que ellos les han brindado. Esto es lo correcto para el Señor. La familia debe hacerse cargo de la viuda o del padre anciano, demostrar en alguna forma su gratitud y "recompensar" una vida de entrega como papá o mamá. Como los padres cuidan a sus hijos en la infancia y juventud, los hijos deben cuidar a sus padres en la ancianidad.

"Estaban junto a la cruz de Jesús su madre, y la hermana de su madre, María mujer de Cleofás, y María Magdalena. / Cuando vio Jesús a su madre, y al discípulo a quien él amaba, que estaba presente, dijo a su madre: Mujer, he ahí tu hijo. / Después dijo al discípulo: He ahí tu madre. Y desde aquella hora el discípulo la recibió en su casa." (San Juan 19:25-27) La última lección de Jesucristo a sus discípulos, antes de morir, la da en la cruz, cuando encarga al apóstol Juan el cuidado de su madre. Ella, ya viuda, quedaría sola sin su hijo mayor ni nadie que la cuidara. El Maestro nos enseña con Su ejemplo cómo los hijos debemos velar por nuestros padres en su ancianidad. Jesús cuidó de su madre hasta después de muerto. Los hijos cristianos necesitamos aprender ese cuidado que el Señor mostró por su madre.

Hasta ahora hemos visto cuál es la voluntad de Dios para con los hijos, sean estos niños, jóvenes o adultos. Siempre nuestro deber será honrar a nuestros padres. ¿Está haciéndolo usted? El deseo de Dios es que obedezcamos las instrucciones de nuestros padres, mientras estemos en el hogar bajo su tutela. Todo hijo necesita autoridad que le gobierne y por tanto debe obedecer a sus padres. El respeto a los padres nos asegura la misma actitud de nuestros hijos en la adultez y ancianidad, como una larga vida, saludable y feliz, ya que es "el primer mandamiento con promesa". Finalmente, el Señor nos enseña: cuida a tus padres, pues nos trajeron a este mundo, nos cuidaron y siempre nos amarán[2].

---

[2] http://charlasbiblicas.blogspot.com/2010/08/seamos-buenos-hijos.html

Mi entorno social

Necesito amigos verdadero

El joven siente la necesidad de agruparse con otros de su misma edad e intereses. Quiere tener amigos con los cuales confidenciar sus sueños, sus gustos, sus amores. Pero ¿cuáles serán los amigos que le convengan? Aquellos que no le conducirán al despeñadero, sino los que le darán buenos consejos y advertirán de los peligros; esos que cuando él manifieste deseos o actividades que no son provechosas o peligrosas, le salvarán comunicándoselo si es necesario, a los adultos; esos que estarán con él tanto en buenos como en malos tiempos. El buen amigo es fiel, es correcto, busca nuestra persona y no nuestros bienes, es leal y nos ama. "En todo tiempo ama el amigo, Y es como un hermano en tiempo de angustia." (Proverbios 17:17)

Las compañías definen en gran medida nuestro futuro, como dice la Palabra de Dios: "El que anda con sabios, sabio será; Mas el que se junta con necios será quebrantado." (Proverbios 13:20) Indudablemente juntarnos con personas que no viven la vida de acuerdo a la voluntad de Dios, nos traerá muy malos resultados, terminaremos siendo tan insensatos como ellos.

Hay una amistad ejemplar en la Biblia, la de Jonatán con el rey David. Este último llegó a quererlo como un hermano de sangre: "Aconteció que cuando él hubo acabado de hablar con Saúl, el alma de Jonatán quedó ligada con la de David, y lo amó Jonatán como a sí mismo." (1 Samuel 18:1) Este tipo de amistad hay que valorarla, apreciarla y ser siempre leal a ella. A veces los amigos son más unidos que un hermano, "El hombre que tiene amigos ha de mostrarse amigo; Y amigo hay más unido que un hermano." (Proverbios 18:24)

El buen amigo siente como nosotros, es compasivo y no nos ofende ni arremete, no es envidioso, es fraternal y siempre tiene misericordia cuando nos encontramos en dificultades, como enfermedad, pobreza, etc. "Finalmente, sed todos de un mismo sentir, compasivos, amándoos fraternalmente, misericordiosos, amigables" (1 Pedro 3:8)

Jesús consideró a Sus apóstoles verdaderos amigos, pero resaltaba que sería así sólo si ellos ponían por obra Sus enseñanzas, es decir si compartían Sus valores. "Vosotros sois mis amigos, si hacéis lo que yo os mando." (San Juan 15:14)

Otros niños o jóvenes me presionan.

El joven y el niño cristiano tienen que convivir en un mundo que está en tinieblas, donde no se manejan los valores de convivencia en el amor al prójimo, y es presionado por sus pares a actuar muchas veces en contra de sus principios. Le invitan a fumar, a robar, a maltratar a otro compañero de estudios, a proceder de modo innoble con una joven, desobedecer a los adultos y otras tropelías. La Biblia nos llama a no dejarnos manipular por esas malas compañías y no advierte: "Dejadlos; son ciegos guías de ciegos; y si el ciego guiare al ciego, ambos caerán en el hoyo." (San Mateo 15:14)

Ya que nos sabemos conocedores de la verdad expuesta en la Sagrada Escritura y poseemos principios universales dados por Dios, los cristianos no debemos callar sino hablar sin temor en defensa de los valores cristianos, cuando estamos siendo presionados o cuando vemos que otras personas no están actuando correctamente. Así le sucedió al apóstol Pedro cuando procedía de un modo con los judíos y de manera diferente con los gentiles. ¿No es acaso este ejemplo muy común en nuestros días? A veces guardamos una apariencia de santidad con los hermanos en la fe y somos muy de acuerdo a las costumbres mundanas con los inconversos. Observe lo que cuenta el apóstol Pablo acerca de esto: "11 Pero cuando Pedro vino a Antioquía, le resistí cara a cara, porque era de condenar. / 12 Pues antes que viniesen algunos de parte de Jacobo, comía con los gentiles; pero después que vinieron, se retraía y se apartaba, porque tenía miedo de los de la circuncisión. / 13 Y en su simulación participaban también los otros judíos, de tal manera que aun Bernabé fue también arrastrado por la hipocresía de ellos. / 14 Pero cuando vi que no andaban rectamente conforme a la verdad del evangelio, dije a Pedro delante de todos:

Si tú, siendo judío, vives como los gentiles y no como judío, ¿por qué obligas a los gentiles a judaizar?" (Gálatas 2:11-14) El pecado de Pedro era la simulación y la hipocresía, fácilmente podemos caer en eso que hoy se llama "doble Standard"

Ante la presión social, ante la exigencia de otros a hacer lo incorrecto, debemos resistir. Resistid a la tentación. Los incrédulos procuran obligarnos a hacer lo que no debemos tentándonos por medio de nuestras propias debilidades: el dinero, la vergüenza, las pasiones, los deseos incumplidos, el miedo, temor al ridículo, etc. No todos son así, hay personas no creyentes pero muy éticas, esas son las buenas amistades que necesitamos cultivar. La influencia mutua que pueden darse los amigos y buenos compañeros de estudio o trabajo, se destaca en este proverbio: "El que anda con sabios, sabio será; Mas el que se junta con necios será quebrantado." (Proverbios 13:20)

Mi apariencia.

Para el joven es muy importante la apariencia externa, quizás porque ha despertado a la sexualidad y le interesa conquistar al otro sexo, quizás porque está formando una personalidad propia y el cuerpo es parte de ella, quizás porque sienta inseguridad acerca de su apariencia; como sea es comprensible, pero debe equilibrarse con la opinión de Dios. Él nos dice: "No os conforméis a este siglo, sino transformaos por medio de la renovación de vuestro entendimiento, para que comprobéis cuál sea la buena voluntad de Dios, agradable y perfecta." (Romanos 12:2) Esto es lo más importante: conocer la voluntad del Señor para nuestra vida. Es más interesante preocuparse por descubrir qué quiere Dios que haga con mi vida a cómo vestirme o cuidar el cuerpo, aún cuando también la Palabra de Dios nos da enseñanza sobre ello. Pero es prioritario ser transformados interiormente, ser renovados en el entendimiento.

Los jóvenes son atraídos por la moda, que es una industria muy bien montada por empresarios, publicistas y psicólogos. Actualmente la publicidad manipula hábilmente a los jóvenes para venderles bebidas alcohólicas, ropas, tarjetas de crédito, préstamos bancarios, etc. La industria de la música, que también ha penetrado en el mundo cristiano, impone modos de vestir, peinar, adornarse el cuerpo y, junto con ello, valores y antivalores. ¿Qué nos dice la Biblia?: "Engañosa es la gracia, y vana la hermosura; La mujer que teme a Jehová, ésa será alabada." (Proverbios 31:30) Sobre la gracia externa y apariencias, está el temor de Dios, principio de la sabiduría.

No sólo los más jóvenes se preocupan tantas veces de la apariencia, Es el caso de Samuel cuando buscaba al futuro rey de Israel: "Y aconteció que cuando ellos vinieron, él vio a Eliab, y dijo: De cierto delante de Jehová está su ungido. / Y Jehová respondió a Samuel: No mires a su parecer, ni a lo grande de su estatura, porque yo lo desecho; porque Jehová no mira lo que mira el hombre; pues el hombre mira lo que está delante de sus ojos, pero Jehová mira el corazón." (1 Samuel 16:6,7) Aquí claramente se define lo que Dios valora. Eso es lo que el Señor busca y es lo que los cristianos necesitamos valorar, sobre todo en la actual sociedad superficial y materialista[3].

---

[3] http://charlasbiblicas.blogspot.com/2010/08/seamos-buenos-hijos.html

1) "Biblia de Estudio La Biblia de las Américas"; The Lockman Foundation; California; U.S.A.; 2000.
2) Roberto Jamieson, A.R. Fausset & David Brown; "Comentario Exegético y explicativo de la Biblia"; Tomo I: El Antiguo Testamento; Casa Bautista de Publicaciones; 1958.
3) W.W. Rand; "Diccionario de la Santa Biblia"; Editorial Caribe; Miami, Florida, Estados Unidos.
4) "Lo que los Jóvenes preguntan"; Watch Tower Bible and Tract Society of Pennsylvania, 1989, USA.
5) Jaime L. Balmes; "El Criterio"; Editorial Sopena Argentina; 1938, Argentina.
6) "Diccionario de la Real Academia de la Lengua de España", en línea, Internet.
7) "Wikipedia, la enciclopedia libre", Internet.
8) "Jóvenes frente a la depresión"; http://www.webislam.com/?idt=4210

La iglesia donde sirvo

"Pero los principales sacerdotes y los escribas, viendo las maravillas que hacía, y a los **muchachos aclamando** en el templo y diciendo: ¡Hosanna al Hijo de David! Se indignaron, y le dijeron: ¿Oyes lo que éstos dicen? Y Jesús les dijo: Sí; ¿nunca leísteis: **De la boca de los niños y de los que maman perfeccionaste la alabanza**?" (Mateo 21:15-16)

Existen ciertas responsabilidades con relación a la iglesia que debo considerar

6. Ayudar en el templo

7. Buscar un lugar y respetarlo

8. Cuidar el templo y sus equipos

9. Edificar mis lideres y prestarles atención

10. Fortalecer el servicio con mi dedicación

11. Ganar otros chicos para Dios

12. Honrar al pastor y a los que sirven en la congregación

13. Impulsar otros niños y jóvenes a adorar

14. Leer mi biblia todos los días

15. Llevar ofrendas al Señor

16. Memorizar versos bíblicos

17. Nunca irrespetar el templo

18. Orar constantemente

19. Pedir a Dios todos los días por mi familia

20. Querer agradar a Dios constantemente y dondequiera que yo este

21. Recurrir a los adultos cuando se presente una situación difícil

22. Salir del templo con respeto

23. Tomar iniciativas que demuestren que soy un siervo de Dios.

El Ministro en Mi

"Vino, pues, palabra de Jehová a mí [el profeta Jeremías], diciendo: Antes que te formase en el vientre te conocí, y antes que nacieses te santifiqué, te di por profeta a las naciones. Y yo dije: ¡Ah! ¡Ah, Señor Jehová! He aquí, **no sé hablar, porque soy niño. Y me dijo Jehová: No digas: Soy un niño; porque a todo lo que te envíe irás tú, y dirás todo lo que te mande**. No temas delante de ellos, porque contigo estoy para librarte, dice Jehová." (Jeremías 1:4-8)

Un niño también puede ser tomado en cuenta para ejercer un ministerio "de grandes" como el complejo ministerio de la profecía. **Jeremías** fue usado por Dios para ser profeta, aún siendo un niño que no conocía mucho ni tampoco sabía hablar muy bien.

1. ¿Qué sabemos del Niño Jesús cuando ya estuvo más grande, como de la edad de ustedes y mayor? ¿Alguien conoce alguna historia de Jesús cuando era un niño más grande?

En realidad la Biblia nos cuenta muy poco sobre el Niño Jesús cuando fue creciendo. Pero sí nos dice una cosa: **que era obediente y bueno con su madre y**

90

con José.

2.   Si Jesús, que es Dios, era obediente con su madre y José ¿cómo debemos ser nosotros con nuestros papás?

Obedientes y buenos como era Jesús.

3.   ¿Qué cosas podemos suponer que Jesús hacía cuando era niño?

Suponemos que jugaba con algunos amiguitos y primos de su edad. Debe haber sido un niño muy lindo y muy bueno.

Ayudaba a María y a José en todo lo que le pedían. Iba con ellos a la Sinagoga de Nazaret, que era el sitio donde debían ir los judíos todos los Sábados para cumplir con Dios.

4.   ¿Alguno sabe lo que sucedió una vez cuando Jesús tenía 12 años?

María y José iban todos los años de Nazaret a Jerusalén para la Fiesta de la Pascua.   Jesús estaba con ellos ese año.

Los viajeros iban en caravanas todos juntos, pero las mujeres por un lado con los niños pequeños, y los hombres por otro lado.

Terminó la Fiesta de Pascua que duraba como una semana y todos comenzaron a regresar a sus casas.

Cuando llevaban un día de camino de regreso, José y María se dan cuenta que Jesús no está con ninguno de los dos. Buscaron y buscaron entre todos los viajeros, pero ¡nada! Jesús no estaba en las caravanas de regreso.

¿Dónde podrá estar? No lo saben. Y se angustian. ¿Qué puede haber sucedido? ¿Se perdió? ¿Lo secuestró alguien para hacerle daño?

Con esa preocupación se devuelven para Jerusalén, y buscan y buscan por todos lados, hasta que se les ocurre ir al Templo.

El Templo de Jerusalén era algo inmenso, aproximadamente unos 250 metros cuadrados, con un área similar a varias manzanas de una gran ciudad (más o menos como unas 3 manzanas de la ciudad de Nueva York). Y había un lugar donde se reunían los Doctores de la Ley, que conocían muy bien la Ley de

Moisés y otras muchas cosas.

Esos Doctores de la Ley discutían entre ellos y enseñaban a los que quisieran oír.

¡Cuál no es la sorpresa de María y José, que se encuentran a Jesús allí! Pero lo más impresionante es que estaba discutiendo con los Doctores de la Ley. ¡Claro! Si Jesús es Dios, El sabe más que esos Doctores ¿no?

Y discutía con muchos conocimientos. Y María se daba cuenta que la gente estaba admirada de las cosas que decía su Hijo Jesús. Y los Doctores y la gente se maravillaban de la inteligencia que tenía para responder y discutir.

4. ¿Qué hicieron José y María?

Bueno, ya se les pasó la angustia al ver que Jesús estaba bien. Y también estaban impresionados de cómo discutía con los Doctores.

María, su Mamá, se le acerca entonces y le hace un suave reclamo: *Hijo, ¿por qué nos has hecho esto? Tu padre y yo te buscábamos muy preocupados.*

7.   ¿Saben lo que les contestó Jesús?

Yo pensé que sabrían que debía ocuparme de las cosas de mi Padre.

8.   ¿De qué Padre está hablando Jesús? ¿De quién es Hijo Jesús?

Jesús es Hijo de Dios Padre. Jesús se estaba ocupando de hablar a esos Doctores de la Ley de las cosas de Dios.

9.   ¿Y qué creen ustedes que le contestó María a su Hijo Jesús?

No pudo contestarle nada, sino que se quedó pensando todo esto muy bien en su corazón. Porque de verdad, Jesús es Hijo de Dios y tiene que ocuparse de las cosas de su Padre Dios.

10.   ¿Qué creen ustedes que pasó después? ¿Jesús se quedó solo en Jerusalén o se volvió con su madre y José a Nazaret?

Jesús se volvió con María y José a Nazaret. Y no se volvió a perder más. Y, a pesar de ser Dios, seguía obedeciéndoles en todo.

Y siguió creciendo como todos los niños van creciendo: en su cuerpo y en su inteligencia.

Como ministro de Dios me es necesario

Orar a Dios por el don de servicio

Iniciar mi ministerio. Sea cantar, servir, orar, predicar, evangelizar, tocar un instrumento, servir en la congragación, cuidar personas, atender necesidades diversas o ser un pastor de niños o jóvenes tengo que comenzar a actuar en mi ministerio.

Dios quiere usarme para su honra y quiere usarme para su gloria. Depende de mi que comience a trabajar en el ministerio que Dios tiene para mi.

Josías comenzó de 8 años

Samuel desde pequeño

David era jovencito

José profetizaba

Jesús ya predicaba campañas de tres días a los 12.

Y yo... Que pienso de mi ministerio?

MARCADOS PARA EL REINO

Recompensas para hijos obedientes

Favor escribir los versos y comentar

Obedecer a Dios, Deuteronomio 30:2.

_____

_____

_____

_____

_____

_____

_____

_____

_____

_____

Temer a Dios, Proverbios 24:21; Eclesiastés 12:1.

_____

_____

_____

_____

_____

_____

_____

_____

_____

_____

_____

_____

_____

Dar atento oído a las enseñanzas paternas, Proverbios 1:8, 9.

_____

_____

_____

_____

_____

_____

_____

_____

_____

_____

_____

Honrar a sus padres, Éxodo 20:12; Hebreos 12:9.

_____

_____

_____

_____

_____

_____

_____

_____

_____

_____

Temer a sus padres Levítico 19:3.

_____

_____

_____

_____

_____

_____

_____

_____

_____

_____

_____

Obedecer a sus padres Proverbios 6:20; Efesios 6:1.

_____

_____

_____

_____

_____

_____

_____

_____

_____

_____

_____

_____

Cuidar de sus padres, [1] Timoteo 5:4.

_____

_____

_____

_____

_____

_____

_____

_____

_____

_____

No imitar a los padres malos, Ezequiel 20:18.

_____

_____

_____

_____

_____

_____

_____

_____

_____

Hijos

(los) buenos:

La obediencia de ellos para con sus padres es agradable a Dios, Col 3:20.

_____

_____

_____

_____

_____

_____

_____

_____

_____

_____

_____

Participan de las promesas de Dios, Hechos 2:39.

_____

_____

_____

_____

_____

_____

_____

_____

_____

_____

Serán bendecidos, Proverbios 3:1-4; Efesios 6:2, 3.

_____

_____

_____

---

manifiestan amor para con sus padres, Génesis 46:29.

_____

_____

_____

_____

_____

Obedecen a sus padres, Génesis 28:7; 48:30.

_____

_____

_____

_____

_____

_____

_____

_____

_____

_____

Dan atento oído a las enseñanzas de sus padres,
Proverbios 13:1.

_____

_____

_____

_____

_____

_____

_____

_____

_____

_____

Cuidan de sus padres, Génesis 45:9-11; 47:12; Mateo 15:5.

_____

_____

_____

_____

_____

_____

_____

_____

_____

_____

_____

_____

_____

_____

_____

_____

_____

_____

_____

_____

_____

Llenan de gozo el corazón de sus padres, Proverbios
10:1; 23:24; 29:17.

_____

_____

_____

_____

_____

_____

_____

_____

_____

_____

_____

_____

_____

_____

_____

_____

_____

_____

_____

_____

_____

_____

_____

Como ejemplo para someternos a Dios, Hebreos 12:9.

IEjemplos:

Isaac, Génesis 22:6-10.

_____

_____

_____

_____

_____

_____

_____

_____

_____

_____

José, Génesis 45:9; 46:29.

_____

_____

_____

_____

_____

_____

_____

_____

_____

_____

La hija de Jefté, Jueces 11:34, 36.

_____

_____

_____

_____

_____

_____

_____

_____

_____

_____

Sansón, Jueces 13:24.

_____

_____

_____

_____

_____

_____

_____

_____

_____

_____

_____

_____

Samuel, ^{1} Samuel 3:19.

_____

_____

_____

_____

_____

_____

_____

_____

_____

_____

_____

Josías, ^{2} Crónicas 34:3.

_____

_____

_____

_____

_____

_____

_____

_____

_____

Ester, Ester 2:20. Job, Job 29:4.

_____

_____

_____

_____

_____

_____

_____

_____

_____

_____

David, 1 Samuel 17:20; Salmo 71:5.

_____

_____

_____

MARCADOS PARA EL REINO

_____

_____

_____

_____

_____

_____

_____

_____

Castigo para hijos desobedientes

De(los) malos:

No conocen a Dios, [1] Samuel 2:12.

_____

_____

_____

_____

_____

_____

_____

_____

_____

_____

_____

CON RESPECTO A SUS PADRES:

No les escuchan, [1] Samuel 2:25.

_____

_____

_____

_____

_____

_____

_____

_____

_____

_____

Los desprecian, Proverbios 15:5, 20; Ezequiel 22:7.

_____

_____

_____

_____

_____

_____

_____

_____

_____

_____

_____

_____

Los maldicen, Proverbios 30:11.

_____

_____

_____

_____

_____

_____

_____

_____

_____

_____

_____

_____

Los deshonran, Proverbios 19:26.

_____

_____

_____

_____

_____

_____

_____

_____

_____

_____

Son para ellos una calamidad, Proverbios 19:13.

_____

_____

_____

_____

_____

_____

_____

_____

_____

_____

_____

Les causan pesar, Proverbios 17:25.

_____

_____

_____

_____

_____

_____

_____

_____

_____

_____

CASTIGO DE, POR:

Deshonrar a sus padres, Deuteronomio 27:16.

_____

_____

_____

_____

_____

_____

_____

_____

_____

_____

Desobedecer a sus padres, Deuteronomio 21:21.

_____

_____

_____

_____

_____

_____

_____

_____

_____

_____

_____

burlarse de sus padres, Proverbios 30:17.

_____

_____

_____

_____

_____

_____

_____

_____

_____

_____

_____

_____

maldecir a sus padres, Éxodo 21:17; Marcos 7:10.

_____

_____

_____

_____

_____

_____

_____

_____

_____

_____

_____

herir a sus padres, Éxodo 21:15.

_____

_____

_____

_____

_____

_____

_____

_____

_____

_____

_____

burlarse de los santos, ^{2} Reyes 2:23, 24.

—————————————————————
—————————————————————
—————————————————————
—————————————————————
—————————————————————
—————————————————————
—————————————————————
—————————————————————
—————————————————————
—————————————————————

entregarse a la glotonería y la beodez, Deuteronomio 21:20, 21.

—————————————————————
—————————————————————

_____

_____

_____

_____

_____

_____

_____

_____

_____

Su maldad en robarles a sus padres, Proverbios 28:24.

_____

_____

_____

_____

_____

_____

_____

_____

_____

_____

_____

_____

Ejemplos:

Esaú, Génesis 26:34, 35.

_____

_____

_____

_____

_____

_____

_____

_____

_____

_____

_____

Los hijos de Elí, 1 Samuel 2:12, 17.

_____

_____

_____

_____

_____

_____

_____

_____

_____

_____

_____

_____

Los hijos de Samuel, [1] Samuel 8:3.

_____

_____

_____

_____

_____

_____

_____

_____

_____

_____

_____

_____

Absalón,   Samuel 15:10.

_____

_____

_____

_____

_____

_____

_____

_____

_____

_____

_____

Adonías, Reyes 1:5, 6.

_____

_____

_____

_____

_____

_____

_____

_____

_____

_____

_____

Adramelec y Sarasar, Reyes 19:37.

_____

_____

_____

_____

_____

_____

_____

_____

_____

_____

_____

_____

Decisiones a tomar

a) Protejas tu persona y juventud. "La gloria de los jóvenes es su fuerza, Y la hermosura de los ancianos es su vejez." (Proverbios 20:29)

b) Ni siquiera toques lo inmundo. "Por lo cual, Salid de en medio de ellos, y apartaos, dice el Señor, Y no toquéis lo inmundo; Y yo os recibiré, / Y seré para vosotros por Padre, Y vosotros me seréis hijos e hijas, dice el Señor Todopoderoso." (2 Corintios 6:17,18)

c) No te contamines. "Así que, amados, puesto que tenemos tales promesas, limpiémonos de toda contaminación de carne y de espíritu, perfeccionando la santidad en el temor de Dios." (2 Corintios 7:1)

d) No te juntes con necios dejándote llevar por sus insinuaciones. "El que anda con sabios, sabio será; Mas el que se junta con necios será quebrantado." (Proverbios 13:20)

e) Lo que hacen muchos no siempre es lo correcto. "No seguirás a los muchos para hacer mal, ni responderás en litigio inclinándote a los más para hacer agravios" (Éxodo 23:2)

f) No te hagas esclavo de una sustancia. "¿No sabéis que si os sometéis a alguien como esclavos para obedecerle, sois esclavos de aquel a quien obedecéis, sea del pecado para muerte, o sea de la obediencia para justicia?" (Romanos 6:16)

g) Permite que la sabiduría te gobierne. "10 Cuando la sabiduría entrare en tu corazón, Y la ciencia fuere grata a tu alma, / 11 La discreción te guardará; Te preservará la inteligencia, / 12 Para librarte del mal camino, De los hombres que hablan perversidades" (Proverbios 2:10-12)

h) Sigue siendo niño en la malicia pero maduro en tu modo de pensar. "Hermanos, no seáis niños en el modo de pensar, sino sed niños en la malicia, pero maduros en el modo de pensar." (1 Corintios 14:20)

Apéndice Carta del Padre

Mi Hijo

Puede que tú no me conozcas, pero Yo conozco todo sobre tí Salmos 139:1 Yo sé cuando te sientas y cuando te levantas Salmos 139:2 Todos tus caminos me son conocidos Salmos 139:3 Aun todos los pelos de tu cabeza están contados Mateo 10:29-31 Porque tú has sido hecho a mi imagen Génesis 1:27 En mí tú vives, te mueves y eres Hechos 17:28 Porque tú eres mi descendencia Hechos 17:28 Te conocí aun antes de que fueras concebido Jeremías 1:4-5 Yo te escogí cuando planeé la creación Efesios 1:11-12 Tú no fuiste un error, porque todos tus días están escritos en mi libro Salmos 139:15-16 Yo he determinado el tiempo exacto de tu nacimiento y donde vivirías Hechos 17:26 Tú has sido creado de forma maravillosa Salmos 139:14 Yo te formé en el vientre de tu madre Salmos 139:13 Yo te saqué del vientre de

tu madre   el día en que naciste Salmos 71:6   Yo
he sido mal representado por   aquellos que no me
conocen Juan 8:41-44   Yo no estoy enojado y
distante,   soy la manifestación perfecta del amor 1
Juan 4:16   Y es mi deseo gastar mi amor en tí
simplemente   porque tú eres mi hijo y Yo tu
padre 1 Juan 3:1   Te ofrezco mucho más que lo
que   tu padre terrenal podría darte Mateo 7:11

Porque Yo soy el Padre Perfecto   Mateo 5:48

Cada dádiva que tú recibes viene de mis
manos Santiago   1:17   Porque   Yo   soy   tu
proveedor quien   suple tus necesidades Mateo
6:31-33 El plan que tengo para tu futuro   está
siempre   lleno   de   esperanza Jeremías   29:11

Porque Yo te amo con amor eterno   Jeremías
31:3   Mis pensamientos sobre tí son incontables
como la arena en la orilla del mar Salmos 139:17-
18   Me regocijo sobre tí con cánticos   Sofonías
3:17   Yo nunca pararé de hacerte bien Jeremías
32:40 Porque   tú   eres   mi   tesoro   más

142

precioso Éxodo 19:5   Yo deseo afirmarte dándote todo mi corazón y toda mi alma Jeremías 32:41   Y Yo quiero mostrarte cosas grandes y maravillosas Jeremías 33:3   Si me buscas con todo tu corazón, me encontrarás Deuteronomio 4:29   Deléitate en Mí y te concederé las peticiones de tu corazón Salmos 37:4   Porque Yo soy el que produce tus deseos Filipenses 2:13   Yo puedo hacer por tí mucho más de lo que tú podrías imaginar Efesios 3:20   Porque Yo soy tu mayor alentador 2 Tesalonicenses 2:16-17   Yo también soy el Padre que te consuela durante todos tus problemas 2 Corintios 1:3-4   Cuando tu corazón está quebrantado, Yo estoy cerca a tí Salmos 34:18   Así como el pastor carga a un cordero, Yo te cargo a tí cerca de mi corazón Isaías 40:11   Un día Yo te enjugaré cada lágrima de tus ojos y quitaré todo el dolor que hayas sufrido en esta tierra Apocalipsis 21:3-4   Yo soy tu Padre, y te he amado como a mi hijo, Jesús Juan 17:23

Porque en Jesús, mi amor hacía tí ha sido revelado Juan 17:26   Él es la representación exacta de lo que Yo soy Hebreos 1:3   Él ha venido a demostrar que Yo estoy contigo, no contra tí Romanos 8:31   Y también a decirte que Yo no estaré contando tus pecados 2 Corintios 5:18-19 Porque Jesús se murió para que tú y Yo pudiéramos ser reconciliados 2 Corintios 5:18-19 Su muerte ha sido la última expresión de mi amor hacía tí 1 Juan 4:10   Por mi amor hacía tí haré cualquier cosa que gane tu amor Romanos 8:31-32   Si tú recibes el regalo de mi Hijo Jesús, tú me recibes a Mí 1 Juan 2:23   Y ninguna cosa te podrá a tí separar otra vez de mi amor Romanos 8:38-39   Vuelve a casa y participa de la mayor   fiesta celestial que nunca has visto Lucas 15:7 Yo siempre he sido Padre, y por siempre seré Padre Efesios 3:14-15   La pregunta es... ¿quieres tú ser mi hijo? Juan 1:12-13   Yo estoy esperando por tí Lucas 15:11-32

Con Amor,   Tú Padre Omnipotente Dios   [4]

---

[4] Spanish Father's Love Letter translated by Sergio Acevedo

Acerca del autor

Dr. Natanael Valenzuela

nv@natanaelvalenzuela.com

855-422-5292

Cristiano, Evangelista, Investigador educativo y profesor universitario con cerca de 30 años de experiencia.

Graduado de:

- Universidad Autónoma de Santo Domingo (BA)
- Universidad de la Tercera Edad (Gerencia)
- Universidad Nacional Pedro Henríquez Ureña (Cursos Directores de Escuelas)
- Universidad Católica de Santo Domingo (Gerencia de Mercados)
- College of New Rochelle (MA Educacion)

- Mass. Col of Liberal Arts. (Academia para Lideres Educativos y Certificado en Estudios Avanzados en Educación)
- Christian University (Dr. Ministerios)
- Proyecto Esperanza (Educador de Matrimonios

Conferencista internacional y escritor en las áreas de Ministerios, Evangelismo, Liderazgo, Educación, Matrimonios, Creación y desarrollo de Negocios y Enseñanza de Idiomas

Fundador y presidente de:

WWW.natanaelvalenzuela.com

www.nuevoidioma.com,

Recoach

The Christian Center for Family Research

www.drvparejas.blogspot.com

http://www.48es.blogspot.com

Camara Cristiana de Comercios y Servicios

Editora Lea

Otros libros del autor

1. 23 Estrategias para la crianza de tus hijos

2. 24 Estrategias para el Éxito de sus Hijos

3. 24 Pasos para aprender un Idioma

4. 25 Errores que impiden el crecimiento de la Iglesia

5. 25 Gigantes que persiguen tu vida

6. 365 Mensajes breves para cultivar la unidad de la pareja

7. 37 Deudas de mis amigos divorciados

8. 50 Ideas de crecimiento

9. 50 maneras de motivar a tus hijos

10. 50 Maneras de motivar tu esposa

11. 50 maneras de motivar tu esposo

12. 65 Maneras de fracasar en todo

27. Como alcanzar Jóvenes para Dios

28. Como Alcanzar Parejas para Dios

29. Como descarriarse hoy mismo

30. Como explicar el noviazgo a los hijos

31. Como iniciar, mantener y prosperar un ministerio

32. Como Matar el Amor de Un Hombre

33. Conversaciones de Novios y Matrimonios

34. Cuaderno de Evangelismo

35. Cuatro Retos del Joven Cristiano

36. Cultivo de valores en el hogar

37. Desarrollando Una Iglesia Evangelizadora

38. Diálogos de parejas

39. Diario de un hombre abusado

40. Directorio Camara de Comercio

41. Disco de Cantares

57. Improving relations between schools and homes

58. Instituto para Lideres Cristianos

59. Jairo: Del Éxito a La Victoria

60. La frágil línea entre criar para Dios o para el Mundo

61. La mujer como Reina, intercesora, protectora y gerente de su hogar

62. La mujer Revalorada

63. La Mujer sabia no Abusa de su Hombre

64. Libreta de Sermones

65. Manteniendo el romance en la pareja

66. Manual de Entrenamiento para Misiones Externas

67. Manual de estudio bíblico

68. Manual Para Ministerios

69. Manual Para ministerios 2

85. Que es la Iglesia

86. Reflexiones para cada día

87. Revisión de Calidad para Iglesias

88. Retiro Familiar

89. Retiros Congregacionales Eficientes

90. Segundo Matrimonio y Nueva Oportunidad

91. Señales de Peligro para Hombres

92. Señales de peligro para Lideres

93. Señales de Peligro para Mujeres

94. Señales de peligros para la juventud

95. Sinergia en el liderazgo

96. Sinergia en la pareja

97. Teología de la Educacion Cristiana

98. Universidad para Misioneros

99. What to really teach students about

100. Catalogo de Libros Dr. Valenzuela

---

[i] Reina Valera 1960 Usado con permiso

[ii] Usado con permiso

ObreroFiel.com - Se permite reproducir este material siempre y cuando no se venda.

Su apoyo en el ministerio http://www.obrerofiel.com

[iii] Tomado de: mjargueso.blogspot.com.es

[iv] Javier Reyes. Tomado del internet

[v] Buenanueva.net

www.ingramcontent.com/pod-product-compliance
Lightning Source LLC
LaVergne TN
LVHW011331080426
835513LV00006B/284